DE LA QUESTION

CONSTITUTIONNELLE

ET DES

THÉORIES RADICALES

Par Edmond NÉEL

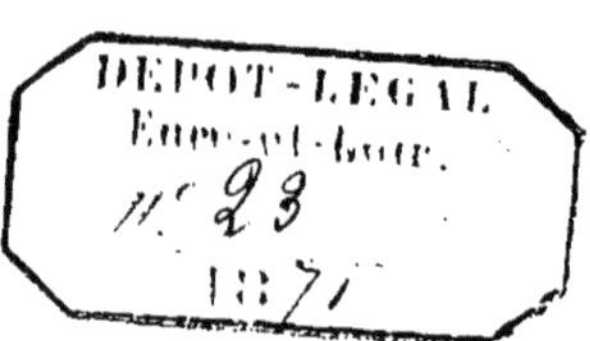

CHARTRES
PETROT-GARNIER, LIBRAIRE-ÉDITEUR
PLACE DES HALLES, 16 ET 17

1871

DE LA QUESTION
CONSTITUTIONNELLE
ET DES
THÉORIES RADICALES

I

La fortune a trahi les armes de la France. L'Assemblée nationale vient de mettre un terme nécessaire à une guerre cruelle et inégale, et de ratifier le fatal traité. Si l'histoire a appelé *boîteuses et mal assises* certaines paix, quel nom donnera-t-elle à un pareil acte ? Jamais Gouvernement eut-il une mission plus douloureuse, une responsabilité plus pesante à supporter. Il est dans la vie des peuples, comme dans la vie des individus, des crises suprêmes et décisives. Nous traversons la plus douloureuse de ces crises. Notre infortunée patrie, l'initiatrice de la civilisation dans le monde, la généreuse émancipatrice des peuples, est tombée surprise et mutilée sous les coups d'un ennemi impitoyable, dont l'arrogante et barbare devise est que *la force prime le droit*. L'Europe interdite a assisté inerte à ce duel terrible entre la force et le droit, entre un conquérant implacable et un peuple libre combattant avec l'énergie du désespoir pour la cause sacrée de son antique et glorieuse nationalité, *pro aris et focis*. Quel déchirement à la vue de nos belles et patriotiques provinces d'Alsace et de Lorraine démembrées et arrachées du sein de la mère Patrie ! Cette vieille et noble terre Gauloise, le berceau de la monarchie française, la patrie des Kléber, des Kellermann et de tant d'autres illustrations nationales, restera-t-elle pour longtemps la proie de l'étranger ? Non, le droit national ne saurait périr ; et la France n'a pas brisé le joug allemand à Milan, à Venise, pour le supporter longtemps sur son propre sol.

Pour hâter l'heure de la délivrance, la patrie réclame le concours de tous ses enfants. Sans rappeler les causes multiples de nos désastres, il est trop évident que nos divisions intestines n'y sont pas étrangères. L'union seule peut nous sauver. Il faut sortir de l'ornière des révolutions, comme on le répète en vain depuis trop longtemps. Quelle que soit sa forme, il faut aujourd'hui nous rallier à un gouvernement fort et stable, capable de contenir les factions, de rendre la sécurité au pays si profondément troublé, de panser les blessures cruelles de la guerre, d'imprimer confiance et respect à l'extérieur comme à l'intérieur, de préparer enfin le grand œuvre de la délivrance nationale. En présence d'un but aussi noble, aussi patriotique, combien les disputes et les ambitions des partis ne semblent-elles pas vaines et mesquines, et ne saurons-nous donc imposer quelque sacrifice à nos vues particulières, à nos prétentions exclusives, à nos passions intolérantes ! Aurons-nous passé en vain par la rude école du malheur, et achèverons-nous d'user dans des luttes stériles nos puissantes forces nationales ! Depuis 1789, combien de gouvernements emportés par le flot des révolutions, laissant chaque fois le sol de la patrie couvert de nouvelles ruines, engendrant toujours de nouvelles haines, de nouveaux partis. Après tant de déchirements, tant d'orages, la France ne finira-t-elle pas par trouver un port ?

Il n'est pas de société possible sans une croyance commune, sans un principe supérieur et respecté qui en soit l'expression. Toutes les constitutions sont placées sous la sauvegarde d'un principe semblable et le proclament toutes comme un dogme dans leur préambule. Longtemps le vieux droit monarchique qui, suivant Bossuet, représente les princes comme établis par Dieu et comme ses ministres auprès des peuples, a présidé au développement des destinées de la France. Emporté par le mouvement de 1789, il a fait place dès lors à un nouveau dogme politique, au principe de la souveraineté nationale. Mais généralement d'accord sur le principe, les partis ont longtemps disputé sur l'extension, l'organisation du nouveau droit. A qui conférer le mandat d'exprimer la volonté nationale, à une oligarchie aristocratique, bourgeoise, ou bien à la nation tout entière, au peuple? Après bien des alternatives et des vicissitudes, la démocratie l'a emporté. La souveraineté nationale repose depuis 1848 sur sa base la plus large, la plus populaire, sur le suffrage universel, sur la volonté de tous. L'imperfection humaine ne permettant pas d'atteindre l'unanimité, il est clair que la majorité doit prévaloir et faire la loi, sauf à consacrer le droit des minorités par de larges garanties individuelles. Sous un tel régime, chacun, — c'est-à-dire, tous les citoyens de 21 ans, jouissant de leurs droits civils et politiques, — étant électeur, étant protégé, en outre, dans sa personne et dans ses opinions, par des institutions libérales, participe à la souveraineté nationale, au gouvernement du pays. C'est la majorité, c'est-à-dire l'opinion dominante, qui règne et gouverne. Le devoir des minorités, de tous les bons citoyens, est de s'y soumettre, comme leur droit est de chercher à la conquérir à leur tour par la discussion libre et la raison. Aussi bien, il n'y a pas de progrès véritable et durable, s'il n'a auparavant été mûri et adopté par l'opinion. Les révolutions n'ont jamais consacré que des idées faites. Or, avec le suffrage universel, il n'est plus besoin de révolutions, et il devient facile de les faire prévaloir par le jeu régulier et pacifique des institutions. On ne saurait donc condamner trop sévèrement les revendications violentes, les entreprises factieuses. Car au-delà du suffrage universel, a dit, en termes saisissants, le rapporteur de la constitution de 1848 : «..... c'est le chaos dans l'abîme. »

Ces notions sont élémentaires. Malheureusement nos révolutions si fréquentes ont apporté tant d'anarchie dans les esprits, qu'il semble qu'on ne puisse plus se soumettre à aucune autorité, respecter aucun principe. Tel est le grand mal de la société. Rappelons-nous la maxime : « Tout royaume divisé contre lui-même sera détruit. » Appliquons-nous d'abord à conjurer ce danger intérieur. C'est donc à la reconnaissance du nouveau droit national qu'il faut ramener les esprits, c'est au principe du suffrage universel, organe de la souveraineté nationale, qu'il faut les rallier comme autour de l'Arche-Sainte. Une forme gouvernementale quelconque ne doit être considérée que comme un moyen de donner satisfaction aux droits du peuple pour les besoins duquel elle est créée, et ne saurait, par conséquent, enchaîner sa volonté.

Il est remarquable que les dissidents se rencontrent surtout parmi les membres les plus avancés du parti démocratique, parmi les radicaux qui, ayant été les plus ardents promoteurs du suffrage universel, devraient être, au contraire, ses plus zélés défenseurs. Combien n'en est-il pas parmi eux qui, comme on le faisait remarquer ces jours-ci à la tribune, avec autant de justesse que d'esprit, « n'admettent la République que quand « elle est entre leurs mains et constituée d'une certaine ma- » nière. »

Cette critique ne saurait s'adresser sans doute à la partie modérée et vraiment libérale du parti républicain qui tend à former un groupe de plus en plus important. A sa tête, se trouvent des esprits élevés, épris de cette forme politique comme de l'idéal, et qui en poursuivent la réalisation avec autant de désintéressement que de talent. Ceux-là, fidèles aux principes, ne méconnaissent assurément pas le respect dû à la volonté générale, et parmi eux un orateur éloquent se levait ces jours-ci dans la chambre pour protester contre la prétention contraire. A ces accents patriotiques, la chambre se ralliait dans un mouvement presqu'unanime, et l'esprit se reportait à cette mémorable séance du 7 juillet 1792, où les députés de tous les partis se rapprochaient dans une réconciliation si touchante, mais hélas si fugitive!

Si le parti républicain n'obéissait qu'à de tels chefs, le nombre des dissidents diminuerait bien vite. « Oh, certainement, disait » à la tribune de 1848, un des hommes d'État les plus libéraux » de notre époque, M. Odilon Barrot, à liberté égale, à sécurité » égale, la forme républicaine l'emporterait de beaucoup dans » la conviction de tous ; c'est la forme logique ; c'est la forme

» qui appelle le pays tout entier à régler ses destinées; c'est la » forme qui ne laisse aucun prétexte à des révolutions ultérieu- » res; c'est la forme qui satisfait chacun dans le sentiment de » sa dignité originelle, c'est la forme qui garantit le droit qui » appelle le dévouement, qui honore toutes les grandes vertus » dans un pays... Pourquoi ces inquiétudes.., c'est que les faits... » ne rassurent pas complétement sur cette vérité que la démo- » cratie peut se régulariser et se modérer. »

L'écueil du parti républicain est en effet de s'attacher trop exclusivement à la théorie constitutionnelle que combattait le grand orateur, théorie qui peut séduire par sa simplicité et son uniformité des esprits abstraits et purement logiciens, mais qui se heurte de toutes parts à l'expérience et à la nature humaine. Cette théorie se résume en une Assemblée unique, concentrant tous les pouvoirs.

Tel est aussi et pour des raisons qui seront exposées plus loin, le programme adopté par un parti beaucoup moins platonique, le parti socialiste. Si ce parti était isolé et réduit à ses seules forces, il ne serait pas fort à craindre. Mais ayant su se rencontrer sur le terrain politique avec un groupe important du parti républicain, ces dangereux auxiliaires exploitent avec une habileté extrême la confusion et le malentendu qui en résultent. Les deux partis sont d'accord pour préconiser le système d'une assemblée unique. C'est à leurs yeux la forme nécessaire de la démocratie, de la république. Le suffrage universel lui-même doit s'incliner devant leur république comme devant un droit *antérieur* et *supérieur*. On repousse comme surannées et en contradiction avec les exigences modernes toutes les formes de gouvernement pondéré. On soutient que le système radical n'a jamais été éprouvé réellement en France, qu'il est le système du présent, le système de l'avenir.

C'est singulièrement méconnaître les leçons de l'histoire comme les enseignements de la science politique qui en découle. Il est facile de s'en convaincre par un aperçu des régimes constitutionnels qui se sont succédé, par le témoignage des plus hautes autorités. En interrogeant ensuite les événements contemporains, on jugera s'ils sont plus propices aux novateurs.

Dans un moment où les questions constitutionnelles s'imposent avec tant d'urgence à l'attention du pays, cette revue ne sera peut-être pas inopportune.

II

Sans méconnaître les garanties que la nation sut trouver dans l'intervention trop inégale des états généraux et des parlements, et dans ce qu'on appelait alors les *franchises* et *priviléges du royaume*, on peut dire que l'ancienne monarchie n'eut pas de constitution proprement dite.

Les états généraux, du moins, furent le germe du régime représentatif, l'instrument de la régénération sociale. Les députés de 1789, s'érigeant spontanément en assemblée nationale, et puisant dans leur patriotique énergie et dans un élan de générosité toute française, la force de surmonter les préjugés invétérés d'une société fondée sur des priviléges séculaires, abolirent le régime féodal dans la fameuse nuit du 4 août, et dotèrent le pays de sa première constitution. La révolution sociale était désormais accomplie ; mais les principes constitutionnels étaient loin d'être fixés. L'expérience politique était encore peu développée. Les tendances populaires réagissant violemment, comme toute force nouvelle, contre l'ancienne royauté, l'emportèrent dans cette grande assemblée sur les tendances parlementaires d'un parti constitutionnel divisé. Une assemblée unique, investie de toute la puissance législative, et en face d'elle, sans pouvoir modérateur entre eux, un roi dépourvu de ses attributs les plus essentiels, formaient en réalité une constitution républicaine déguisée sous la vaine apparence de la monarchie. Mirabeau prévoyait bien clairement déjà les fautes et les conséquences d'une chambre unique, lorsqu'il disait que « sans la sanction, il aimerait mieux vivre à Constantinople qu'à Paris. » Le pacte de 1791 ne fut donc qu'une sorte de transaction et une courte halte dans la marche, désormais inévitable, de la révolution.

L'essai de cette chimérique constitution fut vainement tenté par l'Assemblée législative issue d'une élection à deux degrés. Un faible cens de la valeur de trois journées de travail, et l'âge de vingt-cinq ans étaient la double condition imposée aux citoyens *actifs* pour faire partie des assemblées primaires. La royauté, dont il ne restait plus que l'ombre, disparut dans l'insurrection du 10 août, et la France vit pour la première fois proclamer la République le 20 septembre 1792 par une nouvelle assemblée qui fut la Convention nationale.

Une assemblée unique concentrant tous les pouvoirs, gouvernant d'abord directement par des ministres, bientôt opprimée et décimée par un comité sorti de son sein, le fameux Comité de salut public, fit régner sur la France cette sanglante dictature que l'histoire a nommée la Terreur. On sait quel fut le rôle de la Commune insurrectionnelle de Paris dans les événements de cette sombre époque, et quelle fut son organisation uniforme semblable à la Convention. Il n'est pas une insurrection, pas une proscription, pas un massacre qui n'ait été fomenté, préparé, dirigé par elle. Pour maintenir une aussi effroyable dictature, les membres du Comité de salut public immolèrent alternativement tous les partis jusqu'au 9 thermidor, où ils succombèrent à leur tour avec leur digne complice, la Commune.

Pour répondre à des reproches trop fondés d'usurpation et se couvrir d'apparences légales, les terroristes avaient fait voter une constitution dont ils surent, dès le deuxième jour de sa promulgation, ajourner indéfiniment, sous le prétexte de la guerre, la mise à exécution, la constitution de 1793. Cette constitution mort-née ne différait guère pourtant du gouvernement dictatorial qui l'avait façonnée à son image : une assemblée unique, renouvelable tous les ans par le suffrage universel et direct des citoyens âgés de vingt-un ans, maîtresse à peu près absolue de la nomination du pouvoir exécutif composé de vingt-quatre membres se renouvelant tous les ans par moitié, composait pour les meneurs populaires un instrument des plus simples, des plus maniables et des plus dangereux pour les libertés publiques. Dans le plan jacobin, on prétend modeler les pouvoirs législatif et exécutif sur la nature humaine, sur l'individu. On les figure comme la tête qui commande et le bras qui exécute.

C'est confondre deux choses de nature essentiellement distincte, et ravaler singulièrement le rôle de l'exécutif dont on fait un instrument tout matériel et passif. C'était le rêve de Marat, qui prétendait le réduire au pouvoir de condamner les traîtres et voulait qu'on lui attachât un boulet aux pieds, afin qu'il fût toujours sous la main du peuple. Aussi, après le 9 thermidor, la faction terroriste ne voulut-elle pas abandonner sans combattre un moyen légal qui s'offrait si naturellement de ressaisir le pouvoir. On était déjà, de part et d'autre, fort édifié sur les mérites de ces pouvoirs uniques, absolus, sans contrepoids, sans responsabilité; car les responsabilités collectives disparaissent en se divisant. « Du pain, la Constitution de 1793, » tel fut le mot d'ordre des fauteurs de l'insurrection du 12 germinal, tel fut le cri auquel fut envahie de nouveau l'assemblée. C'est à la suite de ce mouvement avorté que la Convention décida que la constitution était à refaire sur un nouveau plan. « Une constitution démocratique, dit alors le représentant Thibeaudeau en présence des pétitionnaires qui, selon l'usage, » avaient précédé la cohue violente des envahisseurs, n'est pas » celle où le peuple exerce lui-même tous les pouvoirs; c'est » celle où, par une sage distribution de tous les pouvoirs, le » peuple jouit de la liberté, de l'égalité et du repos. »

La Constitution directoriale de l'an III, qui compte Thibeaudeau parmi ses rédacteurs, fut inspirée par ces principes modérés. Le pouvoir législatif fut partagé entre deux chambres, le conseil des Cinq-Cents et le conseil des Anciens émanant tous deux de la même source électorale. L'élection ne fut plus directe, mais remise à deux degrés comme en 1791. Plus libérale toutefois qu'à cette époque, la nouvelle constitution abaissa à vingt-un ans l'âge de l'électeur, et le cens à une contribution directe quelconque. Sous un régime républicain, il était naturel de ne pas accorder à un pouvoir exécutif essentiellement temporaire un trop long mandat ni des prérogatives qu'on regarde habituellement comme le privilége de la royauté, telles que la participation aux lois. Mais par une réaction très-irréfléchie et une défiance exagérée, on méconnut le principe si essentiel de l'unité dans l'action. Les rênes du gouvernement furent confiées à un Directoire exécutif composé de cinq membres délibérant à la majorité, se renouvelant tous les cinq ans par cinquième; et, pour qu'il fût plus dépendant, la nomination en appartint aux deux conseils. Est-il possible de rencontrer dans un pouvoir collectif ainsi constitué l'esprit de suite, d'homogénéité, d'application, les garanties de discrétion qu'exige la marche d'un grand gouvernement? Comme les Conseils, le Directoire devait être composé de partis opposés; l'action exécutrice, combattue, disputée entre des membres incompatibles, et finalement neutralisée entre ces tendances contraires. Ce gouvernement ne rappela pas, il est vrai, le règne de la Terreur comme le Comité de salut public qui le précédait; il était composé d'hommes modérés, sincèrement attachés pour la plupart à la constitution; mais le vice des institutions est tel qu'il entraîne souvent les meilleures intentions. Aussi voit-on bientôt le Directoire se livrer à des mesures violentes comme la loi des otages, l'impôt progressif, faire le coup d'État du 18 fructidor, conspirer avec une partie de la législature contre la majorité des conseils, casser les élections de quarante-huit départements, déporter cinquante-trois députés, deux de leurs collègues, suspendre les libertés publiques jusqu'à ce qu'il succombe à son tour au 30 prairial. Mais le trait caractéristique de ce malheureux gouvernement fut surtout l'anarchie et l'impuissance. Jamais le vice des administrations collectives ne fut plus flagrant, et c'est alors que fut imaginé ce mot qu'on a vu reparaître depuis dans le vocabulaire politique, celui de *bascule*.

« La désorganisation du pays, dit M. Thiers, était complète » sous tous les rapports. Il fallait qu'une force surgît quelque » part, soit pour dompter les factions, soit pour résister aux « étrangers (1). » Telle fut la mission de Bonaparte. Pour l'accomplir, la constitution de l'an VIII mit aux mains du vainqueur de l'Égypte une autorité inférieure en apparence, supérieure en réalité à la monarchie; elle rétablit l'unité du pouvoir exécutif entre les mains du premier Consul, nommé pour 10 ans. Car les deux autres Consuls n'apparaissaient que pour dissimuler l'immense autorité du chef.

(1) Histoire de la Révolution. — t. 10 p. 285.

Le pouvoir législatif était confié au Corps législatif proprement dit, placé entre deux corps opposés, le Tribunat et le Conseil d'état. Le Conseil d'état présentait les lois et déléguait trois de ses membres pour les discuter contradictoirement avec trois orateurs du Tribunat devant le Corps législatif, votant silencieusement.

Le rôle modérateur était confié au Sénat. Il ne participait pas directement, il est vrai, au travail législatif; mais il était chargé spontanément ou sur la dénonciation du Tribunat, de casser toute loi ou acte du gouvernement entaché d'inconstitutionnalité. Il s'appelait pour ce motif Sénat conservateur.

Les précédents régimes avaient essayé successivement de l'élection directe et à deux degrés. Ce second système qui, sous le Directoire, avait amené tour à tour au pouvoir les royalistes et les Jacobins, était fort décrié. Sieyès, avec son dogmatisme habituel, partant de cette maxime que « la confiance doit venir d'en bas et le pouvoir d'en haut, » avait imaginé les listes de notabilité communale, départementale et nationale désignées et rectifiées annuellement, la première par le suffrage universel dans la proportion du dixième des électeurs et les deux autres par les membres de la liste inférieure dans la même proportion. C'est sur ces listes de candidats que le Sénat, qui eut le privilége de se compléter lui-même, devait désigner les membres de la représentation nationale.

Après avoir analysé avec sa haute clairvoyance les dispositions de la première constitution consulaire qui furent empruntées en grande partie aux conceptions d'un grand esprit, Sieyès, M. Thiers la juge en ces termes : « Et telle qu'elle était, si le » vainqueur de Marengo n'y eût apporté plus tard deux change- » ments considérables, l'hérédité impériale de plus, le Tribunat » de moins, cette constitution aurait pu fournir une carrière qui » n'eût pas été le triomphe du pouvoir absolu (1). »

Le sénatus-consulte du 5 août 1802, en proclamant le Consulat à vie, apporta à cette constitution diverses modifications, notamment l'établissement de colléges électoraux à vie à la

(1) Histoire du Consulat, liv, I, p. 110.

place des listes de notabilité supprimées. Le principe du cens revient aussi dans la composition des colléges du département qui devaient être choisis parmi les 600 plus imposés.

Enfin, le sénatus-consulte du 16 mai 1804 fit subir à l'œuvre de Sieyès une troisième et dernière transformation, la conversion définitive de la constitution de l'an VIII en monarchie représentative dans la forme, absolue dans le fait.

Les fautes du pouvoir absolu, les désastres de l'invasion avaient provoqué dans les esprits désabusés de la gloire une vive et double réaction en faveur de la paix et des institutions libérales. Les souvenirs des désordres et des violences révolutionnaires étaient trop vivants pour ne pas détourner de la république une génération déshabituée des luttes politiques. La plupart des anciens chefs de ce parti avaient suivi la fortune de Napoléon. Aussi, lorsqu'à la chute de l'Empire, les représentants de l'ancienne monarchie rappelés d'Angleterre, après d'aussi grandes vicissitudes, se montrèrent tout-à-coup à la France, l'opinion, dans les classes élevées et bourgeoises du moins, n'hésita pas longtemps à se rallier. Louis XVIII, après un long séjour en Angleterre, revenait imbu des principes de la monarchie constitutionnelle. Ces institutions correspondaient à un vœu assez général dans la classe moyenne, vœu dont le Sénat de l'Empire se fit l'organe complaisant auprès des nouveaux princes. Il n'y eut de contestation un peu sérieuse que sur le principe même du contrat à passer entre la royauté et la nation, sur son origine nationale ou royale ; le Sénat défendant le principe de la souveraineté nationale et prétendant ne rappeler Louis XVIII et ne lui conférer le pouvoir qu'après lui avoir fait prêter serment d'observer fidèlement la constitution nouvelle ; le prince revendiquant au contraire le principe de ses pères, la souveraineté du roi, d'ordre divin. Malheureusement la cause du droit national était aux mains d'un Sénat sans crédit et sans force, qui devait finir par s'incliner docilement devant le nouveau pouvoir comme devant l'ancien. Par la déclaration de Saint-Ouen, Louis XVIII trancha la question par un *motu proprio*. On ne prévoyait guère alors le danger de ce principe absolu et l'importance d'un débat qui ne semblait qu'une subtilité de théorie ou une affaire d'amour-propre.

La constitution nouvelle fut donc *octroyée* par Louis XVIII, sous le nom de Charte constitutionnelle. Un roi inviolable ayant la sanction des lois, des ministres responsables, deux Chambres concourant à la confection des lois, l'une héréditaire, l'autre élective, tels sont les principaux rouages de la monarchie parlementaire qui a prévalu sous toutes nos dynasties, et qui nous régit depuis trop longtemps pour qu'il soit besoin d'en décrire le mécanisme. On sait le rôle essentiel des ministres nommés par le souverain, mais responsables devant les Chambres, dépendant par conséquent du vote et des fluctuations d'une majorité ondoyante comme l'opinion des électeurs. Tel est le trait d'union entre les deux pouvoirs, le canal toujours libre par lequel la volonté du pays se communique et s'impose au monarque. Lorsque le parlement est la représentation vraie du pays, la responsabilité ministérielle parvient ainsi à réaliser sans secousse, sans révolution, au moyen d'un simple changement de cabinet, le gouvernement du pays par le pays.

Mais la charte de 1814 heurtait profondément le sentiment démocratique en faisant du droit électoral le privilége d'un très-petit nombre. La nomination des députés élus dans des colléges d'arrondissement était réservée à des électeurs payant 300 francs de contribution directe. Pour les éligibles, le cens était porté à 1,000 francs. L'élection était directe, il est vrai, et non plus à deux degrés comme sous la Constituante et le Directoire, ou restreinte par des combinaisons compliquées comme en l'an VIII. On ne s'explique pas que la Restauration attachée aux anciennes traditions eût apporté des idées aussi restreintes dans sa législation électorale. Les anciens cahiers des États-Généraux témoignent de dispositions beaucoup plus larges dans l'élection des députés des communes. Le nombre des députés était autrefois réparti proportionnellement au chiffre de la population et par feux; et le principe de la participation de tout contribuable aux opérations avait fini par prévaloir généralement dans le règlement des élections. Au delà même, en remontant au droit national des Franks, on reconnaît qu'il était essentiellement pénétré du sentiment démocratique, émanation du sentiment chrétien, comme le traduit bien la vieille maxime : *Vox populi, vox Dei!* Tous les hommes libres étaient admis aux solennelles délibérations des champs de mai. C'est l'honneur de la royauté d'avoir secondé le développement de ce vieux droit national, et plus tard le mouvement populaire des communes qui en furent les champions contre l'oppression féodale.

Le retour de l'île d'Elbe, singulièrement favorisé par une politique rétrograde et par des tendances aristocratiques antipathiques au caractère français, vint interrompre brusquement le règne de Louis XVIII. Le principe de la souveraineté nationale, hautement proclamé et largement représenté par une chambre issue du suffrage universel à deux degrés, reparaît alors, combiné pour la première fois dans *l'acte additionnel* avec les institutions parlementaires. Mais ce régime éphémère, bientôt emporté par le sort de la guerre, n'a laissé dans notre histoire qu'une date de quelques jours.

Un conflit dont la menace était contenue dans le principe de *l'octroi royal* et dans la vague rédaction de l'article 14, l'usurpation du pouvoir législatif par l'autorité royale fut, comme on sait, le signal de la révolution de 1830.

La Chambre des députés victorieuse et devenue par l'adhésion tacite de la chambre des pairs maîtresse absolue de la situation, ne pouvait manquer de s'emparer du pouvoir constituant. En conférant la couronne au duc d'Orléans, elle se borna à ajouter à la charte une déclaration pour en affirmer le sens libéral, supprimer la censure, l'article 14, ainsi que le préambule énonçant *l'octroi royal*. Le principe de la souveraineté nationale est désormais hors de conteste.

L'expérience de la Restauration ne devait éclairer que bien faiblement la royauté de juillet. On continua à méconnaître les tendances démocratiques du pays ; on se borna à une réforme bien insuffisante en réduisant de 300 francs à 200 francs le cens de l'électorat, et de 1,000 francs à 500 francs le cens de l'éligibilité. Cette réforme doublait environ le chiffre des électeurs et le portait à 200,000 à peine. La bourgeoisie devenait ainsi complètement maîtresse du pouvoir. Une oligarchie aussi restreinte ne pouvait être regardée comme la représentation réelle d'un grand pays aussi jaloux d'égalité que la France. Aussi imagina-t-on un mot pour qualifier cette nouvelle caste privilégiée; on l'appela le pays *légal* par opposition au vrai pays, à la masse déshéritée. On sacrifiait la réalité à une fiction.

Plus heureux et surtout plus habile que la Restauration, Louis-Philippe sut maintenir du moins jusqu'au bout la bonne harmonie entre les pouvoirs publics. C'est le premier exemple depuis 1789 d'un gouvernement qui tombe en maintenant intacts les rouages constitutionnels. Exclue du parlement et du pays légal, la démocratie s'organisait et entrait en lutte. Le mouvement électoral entrepris au cri de vive la réforme, propagé de banquets en banquets, se termina inopinément par la révolution de 1848, le triomphe du parti radical et l'avénement du suffrage universel.

Le parti radical lui-même ne s'attendait assurément pas à une victoire aussi complète. Quoi qu'il en soit, la République étant, après tout, considérée comme la forme de gouvernement qui nous divise le moins, ainsi qu'on l'a dit alors, fut acceptée assez franchement. La nouvelle constituante, dominée comme toujours par la réaction des premiers jours, et malgré la leçon du gouvernement provisoire, partagea l'exécutif entre les mains d'une commission de cinq membres. L'attentat du 15 mai et l'insurrection de juin démontrèrent la faute. La commission, impuissante et divisée, fut obligée de se retirer devant la guerre civile et de céder la place à un seul chef, au général Cavaignac. La logique des événements se chargeait de montrer une fois de plus le vice de ces pouvoirs collectifs.

Jamais constitution ne donna lieu à des débats plus approfondis et plus solennels que celle de 1848; toutes les théories se produisirent à la tribune. Dans un pays aussi mobile et aussi troublé, il semble que tout gouvernement nouveau n'a d'autre préoccupation que de faire le contraire de son devancier, et de se retourner du côté opposé pour y trouver le remède, comme le malade se retourne vainement sur son lit de douleur. Après une aussi longue possession de deux chambres, ce sentiment de réaction devait faire pencher la balance vers une seule chambre. Par la même raison l'unité de l'exécutif eût couru de grands risques sans l'expérience des premiers jours; c'eût été le renversement d'une double et claire vérité, savoir, que si la délibération doit être lente et partagée, l'action doit être prompte et une. L'autorité présidentielle échappa du moins à la réaction générale. Quelle serait son origine? Serait-il nommé par le peuple ou par la chambre? Serait-il institué pour un temps fixe ou indéterminé, et par conséquent révocable? Abandonnerait-on sans contrepoids la direction du pays à l'autorité souveraine d'une seule chambre? Ces questions capitales furent soulevées par un amendement de M. Grévy proposant de réduire le pouvoir exécutif à un simple président du conseil, nommé par la Chambre et toujours révocable. La règle de la séparation des pouvoirs, règle essentielle de tous les gouvernements tempérés, républicain ou monarchique, finit cependant par l'emporter. Une assemblée unique élue pour trois ans, placée en face d'un président élu pour quatre ans également par le suffrage universel direct, sans aucun élément pondérateur et indépendant entre ces deux forces, — si non un conseil d'État organisé à contre-sens et sans influence, — tels furent les pouvoirs de notre seconde République.

Les souvenirs de l'époque présidentielle sont trop rapprochés pour qu'il soit besoin d'en rappeler le caractère. Semblable sous bien des rapports à l'époque directoriale, elle finit de même. Le morcellement de l'autorité exécutive sous le Directoire, et, sous la présidence, le dualisme des deux grands pouvoirs furent les causes principales d'où sortirent l'anarchie et les collisions qui marquèrent ces époques agitées.

A des situations analogues succédèrent des institutions ayant une grande similitude. Les bases principales de la constitution de 1851 furent empruntées à la constitution de l'an VIII. Le sénatus-consulte de 1852 vint bientôt convertir le pouvoir décennal du président en pouvoir héréditaire impérial.

Le parlement fut composé de deux chambres. A la chambre des députés était réservé le vote des lois; à un sénat inamovible le droit de sauvegarder et de modifier la constitution.

Dans ce premier partage, le principe d'autorité qu'on voulait restaurer eut évidemment le rôle prépondérant. L'instrument de liberté, le corps législatif, dépourvu des droits d'initiative, d'amendement, n'ayant à discuter qu'avec des conseillers d'État, sans influence directe sur la composition du cabinet, eut alors un rôle très-effacé. Depuis 1860, le pouvoir personnel tendit progressivement à relâcher les liens d'une autorité trop concentrée et à fortifier les instruments de liberté. La constitution de 1851, toujours perfectible avec le concours du sénat investi d'un pouvoir constituant permanent, se dépouillait successivement de son caractère *autoritaire*. Enfin la constitution de 1870 restaura dans leur plénitude les institutions parlementaires en les combinant pour la première fois avec le suffrage universel direct.

L'opposition républicaine ne manqua pas cette occasion de porter à la tribune ses revendications et ses doctrines résumées dans l'amendement auquel M. Grévy a donné son nom. La doctrine radicale fut développée avec un grand éclat par M. Gambetta; mais cette protestation éloquente n'eut pas grand écho dans le pays comme à la Chambre. On sait avec quel ensemble le plébiscite du 8 mai vint ratifier le retour des institutions parlementaires.

La révolution du 4 septembre est venue poser de nouveau devant le pays le problème de sa reconstitution. La guerre étrangère d'abord, la guerre civile aujourd'hui tiennent cette grande question en suspens. Après cinq mois d'une dictature collective, l'Assemblée nationale a rétabli l'autorité régulière et l'unité de pouvoir entre les mains de M. Thiers. En attendant l'œuvre constituante, l'intérim ne pouvait être plus sagement organisé et confié à un chef plus expérimenté.

III

Dans l'espace de quatre-vingts ans qui nous sépare de 1789, la France a vu se succéder quinze ou seize constitutions et presque autant de gouvernements : sept à huit ans au plus, telle est la durée moyenne de nos fragiles constitutions, tel est le terme au bout duquel reviennent périodiquement les révolutions ou les coups d'État.

L'origine et la procédure des pouvoirs constituants ont été également très-variables. Tantôt les constitutions ont été l'œuvre d'assemblées uniques investies ou non d'un mandat spécial comme en 1791, 1793, 1795, 1848. Celles de 1793 et 1795 ont été soumises en outre à la ratification des assemblées primaires. L'esprit des législateurs était alors dominé par les maximes du *contral social*, d'après lesquelles « toute loi que le peuple en personne n'a pas ratifiée est nulle. » La constitution de 93 étendait même ce principe à toutes les lois par une disposition restée lettre morte. — La charte de 1814 a été *octroyée* par un *motu proprio* du Souverain. — En 1830, la Chambre des pairs s'est jointe à la Chambre des députés pour opérer la transmission de la couronne et apporter les modifications constitutionnelles à la Charte. — Les constitutions consulaires, présidentielle et impériales ont été proposées par les Bonaparte directement au peuple appelé à répondre par oui ou par non. Les modifications ultérieures furent l'œuvre d'un sénat constituant, et lorsqu'elles dérogeaient au pacte fondamental, comme en 1870, elles étaient de plus soumises au vote plébiscitaire. Cette dernière constitution, rétablissant dans sa primitive simplicité la tradition impériale, écartait à l'avenir tout intermédiaire entre l'Empereur et le Peuple. — Rien, comme on le voit, de plus variable dans sa source que la jurisprudence constitutionnelle.

La forme républicaine a prévalu à deux époques différentes; d'abord du 20 septembre 1792 au 16 mars 1804, ou plutôt au 15 août 1802; puis après un intervalle de quarante-cinq ans, du 24 février 1848 à 1852, c'est-à-dire en tout pendant quinze années à peine. Les soixante-cinq années qui restent appartiennent à la monarchie.

Trois dynasties se sont succédé. Il est remarquable que toutes trois ont fini par adopter la même forme de gouvernement, représenté par un souverain et deux chambres, la forme parlementaire, adoptée aujourd'hui par la plupart des États de l'Europe, et qui tend chaque jour à faire de nouveaux progrès.

C'est la consécration du double et essentiel principe de la séparation des pouvoirs et de la division du pouvoir législatif.

Les constitutions de 1791, 1793 et 1848 sont les seules qui aient concentré le pouvoir législatif dans une seule chambre. La première constitution a duré onze mois; celle de 93, deux jours, le temps de la fête consacrée à la célébrer. Le pacte de 1848 a vécu, il est vrai, plus longtemps, trois années. Dans toutes nos autres constitutions républicaines ou monarchiques la division des fonctions législatives a été constamment observée. Ce principe ne paraît plus contesté aujourd'hui que par l'École radicale.

Le caractère libéral des régimes de 1814 et de 1830 ne semble pas contestable; c'est bien plutôt à leurs tendances anti-démocratiques qu'il faut attribuer leur chute. A côté des huit ou dix millions d'électeurs inscrits auparavant, les quatre-vingt mille censitaires de la restauration et les deux cent mille de la monarchie de juillet semblaient une aristocratie bien restreinte, et ne pouvaient prétendre à représenter réellement une nation aussi fière, aussi pénétrée d'égalité. Depuis 1789, l'égalité la plus complète règne dans l'ordre civil. Tous les priviléges ont disparu pour les territoires comme pour les personnes. Quelles que soient leur naissance, leur religion ou leur origine, tous les citoyens obéissent à la même loi, relèvent du même juge, payent le même impôt, doivent le même service militaire. Voilà un des grands résultats sociaux de la révolution demeuré inébranlable. Mais égaux devant les charges, devant le devoir, pourquoi les citoyens ne le seraient-ils pas devant le droit politique, devant la loi électorale? On a vu combien de variations le niveau de l'électorat avait subies sous tous les régimes depuis le suffrage universel jusqu'aux censitaires à 300 francs. Or quand un peuple a joui d'un pareil droit, il ne saurait l'oublier, et il devient dangereux de le lui retirer. Telle a été l'erreur des régimes de 1815 et 1830, infidèles en ce point aux plus anciennes traditions de la monarchie. Les hommes d'État de cette époque, imbus pour la plupart des idées philosophiques du XVIIIe siècle, étaient restés cantonnés dans les préceptes que Voltaire exposait ainsi : « Une société étant composée de

» sieurs maisons et de plusieurs terrains qui leur sont attachés, » il est contradictoire qu'un seul homme soit le maître de ces » maisons et de ces terrains; et il est dans la nature que chaque » maître ait sa voix pour le bien de la Société. Ceux qui n'ont » ni terrains ni maisons dans cette société doivent-ils y avoir » leur voix? Ils n'en ont pas plus le droit qu'un commis payé par » des marchands n'en aurait à régler leur commerce (1). » On était aussi trop pénétré alors de l'imitation des institutions de l'aristocratique Angleterre, et l'on doutait qu'il fût possible de les concilier avec la démocratie.

Le 1er et le 2e empire sont les seuls gouvernements qui aient tenté chez nous cette conciliation. Trop longtemps peut-être ces monarchies populaires se sont heurtées au sentiment libéral, tandis que les monarchies libérales de 1814 et de 1830 se heurtaient au sentiment populaire.

Qu'enseigne d'autre part l'expérience de nos deux républiques? Bien des combinaisons constitutionnelles ont été éprouvées alternativement depuis la constitution si simple et si radicale de 1793 dont la dictature de la Convention a été comme la mise en œuvre, jusqu'au système mixte du Directoire. Tantôt le pouvoir législatif a appartenu à une Chambre, tantôt à deux. L'exécutif a été confié soit à un seul, soit à plusieurs. Le mode de sa nomination a varié comme sa composition; d'abord il a été nommé par le parlement, puis par le peuple. Aucune de ces constitutions n'a duré plus de deux ou trois ans. Tous ces régimes ont été tour à tour le jouet des factions, et condamnés soit à la violence, soit à l'anarchie.

Après ces épreuves répétées le pays fatigué, inquiet de l'avenir, sentant le besoin d'un pouvoir fort et stable, a toujours cherché un refuge dans la monarchie qui lui offrait la sécurité et le repos, fût-ce au prix de ses libertés. Mais un peuple aussi ardent et aussi mobile ne saurait abdiquer pour longtemps; tôt ou tard la réaction libérale a des retours inévitables, et il se précipite pour ressaisir ses libertés avec d'autant plus d'impatience qu'il en a été plus longtemps privé. L'acte additionnel et

(1) Voltaire. *Idées républicaines d'un citoyen de Genève.*

la Constitution de 1870 ne sont-ils pas le témoignage et la consécration de cette tendance invincible?

De cet aperçu on peut conclure que le sentiment d'ordre et d'autorité n'est pas moins vif que la tendance libérale et démocratique. Comment concilier cette double aspiration? L'expérience et la science politique qui en découle, enseignent que la liberté politique ne se trouve que dans les gouvernements modérés. Le bon sens ne montre-t-il pas que toute force sans limites, sans règle, sans mesure, est une force destructive. En rencontre-t-on des exemples dans la nature? Suivant une image bien connue, la liberté n'est-elle pas le flambeau qui éclaire ou la torche qui incendie? Tout n'est-il pas pondéré, équilibré dans les lois qui président à la constitution de la nature, et l'ordre admirable qui règne dans le monde physique ne doit-il pas servir de règle au monde moral? Pour réfréner l'impétuosité des passions, est-ce trop du contrepoids de la raison, et la juste balance entre des facultés diverses réunies pour se pondérer et se prêter un mutuel appui, cette complète possession de soi-même qui en est le fruit, ne forment-elles pas la règle même de la sagesse, le but suprême auquel doivent tendre tous les efforts de l'éducation? La Providence a fait de l'équilibre le modérateur du monde, et les nations pas plus que les individus ne sauraient échapper à cette grande loi de la nature.

Cependant ces vérités anciennes comme le monde sont audacieusement méconnues par de prétendus novateurs. A leurs yeux, ces pondérations de pouvoirs, ces règles d'équilibre sont de vaines combinaisons propres à entraver uniquement le développement des libertés publiques, l'essor de la civilisation. Loin d'empêcher les conflits, ces rouages compliqués les provoquent au contraire dans leur perpétuel contact, et sont précisément la cause des révolutions. Ces doctrines bourgeoises et surannées, ces doctrines de l'*individualisme,* du *laisser-faire,* et de l'*équilibre,* comme on les appelle en style jacobin, ne sauraient convenir à la démocratie contemporaine, aujourd'hui émancipée et bien capable de se contenir, de se modérer, de se défendre elle-même. A l'appui de cette thèse, on imagine de nouvelles manières d'interpréter l'histoire, et parce que des rouages ont été parfois impuissants, des contrepoids trop faibles, au lieu de les renforcer et de les corriger, on conclut purement et simplement qu'il faut les supprimer.

Les arguments de l'École radicale sont empruntés presque textuellement à J.-J. Rousseau, qui en est comme le précurseur. C'est le philosophe, l'apôtre de l'*unité* et du *sentiment*. C'est dans le contrat social que l'on va puiser comme dans un arsenal de guerre, ces formules abstraites sur l'indivisibilité et l'inaliénabilité de la souveraineté, dont la prétention dogmatique ne peut cacher l'obscurité et le vide. Les emprunts sont d'ailleurs très-tronqués. Car ce traité n'est pas exempt de contradictions; il est très-radical en théorie, mais beaucoup moins en pratique. Dans sa comparaison entre les gouvernements simples et les gouvernements mixtes, il ne se prononce même pas. En présence de la vieille monarchie absolue de Louis XIV, tombant en ruines dans les mains de son indigne successeur, l'esprit rêveur et passionné du républicain génevois se révolte et, d'un bond, tend à se précipiter vers un autre absolu, cherchant son idéal dans l'antique démocratie du Forum, dans les anciennes républiques de la Grèce et de Rome où les citoyens servis par des esclaves avaient le loisir de se consacrer en permanence aux affaires publiques. Il conçoit alors les plans les plus chimériques. Mais, dans la suite, il découvre bientôt l'illusion et le danger de sa méthode. « Je n'ignore pas, dit-il, que la précision géométrique » n'a point lieu dans les quantités morales. » Aussi, en dépit de certaines théories dont des disciples tireront de si étranges et différentes conséquences, lorsqu'il se pose la question, « lequel » vaut le mieux d'un Gouvernement simple ou d'un Gouvernement mixte, » il conclut en éclectique et en homme d'État, déclarant « qu'en général le gouvernement démocratique » convient aux petits états, l'aristocratique aux médiocres et le » monarchique aux grands. (1) »

Sans doute, les constitutions ne sont pas un frein infaillible, une garantie absolue. Dans leur application, il faut faire une large part aux temps et aux hommes. Mais ce n'est pas une raison pour se relâcher de ces règles invariables que la pru-

(1) *Contrat social*, liv. D., chap. III.

dence des législateurs a de tout temps opposées à l'entraînement des passions humaines. Tout pouvoir unitaire quel qu'il soit, monarchique, aristocratique ou démocratique tend invinciblement à l'empiètement, au despotisme. La science politique consiste à organiser un système de contrepoids qui le modère, le contienne et l'empêche de se précipiter. Tel est le but des constitutions. Autrement, il n'y aurait qu'à livrer le Gouvernement du pays au pouvoir discrétionnaire d'une assemblée, d'une caste ou d'un homme investis de pleins pouvoirs, c'est-à-dire du despotisme. C'est surtout en république, et en France, qu'il faut multiplier les garanties, la mobilité et la précipitation étant le vice et le danger de ce gouvernement, comme du caractère national. On ne verse que du côté où l'on penche. Jamais cette vérité vulgaire ne fut plus évidente que dans les mouvements populaires de la convention nationale. On sait comment les Jacobins interprétèrent la doctrine démocratique de Rousseau. Est-il une épreuve plus décisive ?

Néanmoins, les défenseurs de la doctrine unitaire résistent à tout enseignement, et loin de se décourager, ils redoublent leur propagande. Elle s'est produite, comme on l'a vu, à la tribune de 1848, sous l'autorité d'un nom éminent, et elle réunit un nombre assez considérable d'adhérents dans l'Assemblée constituante. Elle semble former aujourd'hui le programme de plus en plus arrêté du parti radical, des républicains de la veille, comme on les appelait en 1848. Dans la session de 1870, elle reparaissait fièrement à la tribune par la voix d'un des plus éloquents orateurs du parti. « Je représente la théorie du gouvernement républicain et radical (1) », déclare M. Gambetta, avec une hauteur qui rappelle le mot du grand Roi : « l'État, c'est moi. » Jamais, en effet, la doctrine radicale ne s'était montrée avec des prétentions aussi absolues, aussi exclusives. « La sou-
« veraineté nationale ne saurait exister que dans une certaine
» institution politique (2). » Hors de là, point de salut, et l'on prononce l'anathème contre toute autre forme, attendu, ajoute-

(1) Séance du 5 avril 1870.

(2) Id. id.

t-on, en empruntant le langage des docteurs de droit divin, « qu'il n'y a pas de droit contre le droit. » On proscrit, bien entendu, tout élément d'hérédité, et au lieu de le combattre par des raisons politiques, on croit en triompher par des paraphrases du Contrat social, de la déclaration des droits de l'homme et par des subtilités de juriste : « Le suffrage universel ne doit » pas être considéré dans une génération, mais dans les géné» rations successives. Et à ce point de vue, il ne peut aucune» ment aliéner la souveraineté, parce qu'il disposerait d'un » patrimoine qui ne lui appartient pas (1). »

Voilà pourtant où conduit la logique révolutionnaire! Notre histoire est, depuis le mouvement des communes surtout, comme une constante et pénible aspiration vers la liberté. Depuis quatre-vingts ans, la nation se débat dans les convulsions révolutionnaires pour faire prévaloir le droit de se gouverner elle-même. Et au terme de cette évolution, elle rencontre des sectaires qui, comme les Jacobins de 1793, sous le masque de la liberté, prétendent confisquer un droit si laborieusement conquis au profit d'un système qu'ils déclarent au-dessus de la volonté du pays, au-dessus du suffrage universel. Sans doute la société moderne n'est pas disposée à abdiquer devant de semblables prétentions. Mais on connaît les maximes des Jacobins de tous les temps : « Quand un gouvernement viole les droits » du peuple, l'insurrection du peuple entier et de chaque por» tion du peuple est le plus saint des devoirs. Quand la garantie » sociale manque à un citoyen, il rentre dans le droit naturel » de défendre lui-même tous ses droits. (2) » On voit aujourd'hui le fruit des mauvaises doctrines. Mais il ne suffit pas de vaincre l'insurrection dans la rue ; il faut éclairer et ramener les esprits égarés. Le mal est dans des doctrines aujourd'hui populaires, et avec la force seule on ne saurait en venir à bout.

Qui ne voit l'absurdité des théories radicales, comme de tout absolu en politique; car à des adversaires qui traitent les choses morales et politiques avec le raisonnement géométrique, on ne

(1) Séance du 5 avril 1870.

(2) Constitution du 24 juin 1793, art. 35.

peut guère opposer d'autre méthode. Remarquons d'abord la fausseté des prémisses. On représente comme une *aliénation* de la souveraineté toute combinaison constitutionnelle héréditaire. On ne parlerait pas autrement, s'il s'agissait du despotisme asiatique. Mais ici on confond bien gratuitement *l'aliénation* avec *l'organisation* même de la souveraineté. Lorsque Rousseau développait ses maximes sur l'inaliénabilité, il prenait à partie les doctrines de Grotius, qu'il cite lui-même : « Si un particulier, » dit Grotius, peut aliéner sa liberté et se rendre esclave, pour- » quoi tout un peuple ne pourrait-il pas aliéner la sienne et se » rendre sujet d'un roi ? (1) » Il n'était pas difficile de réfuter de tels raisonnements. Mais de semblables hypothèses n'ont aucun rapport avec nos modernes théories constitutionnelles. Tout contrat social suppose la soumission à la volonté générale, des bornes imposées au pouvoir des particuliers, et par conséquent une certaine aliénation de leur part entre les mains du souverain. Celui-ci est limité à son tour dans tout régime constitutionnel ; et alors, comme le reconnaît Rousseau, les particuliers « au lieu d'une aliénation, n'ont fait qu'un échange avantageux » d'une manière d'être incertaine et précaire contre une autre » meilleure et plus sûre, de l'indépendance naturelle contre la » liberté (2). » Quoi qu'il en soit, on veut bien reconnaître à une génération le pouvoir de contracter pour elle-même, pour sa propre durée. Or qu'est-ce qu'une génération dont les membres se succèdent incessamment, tous les jours, à toutes les heures ? Où commence-t-elle ? où finit-elle ? Pourquoi ce terme d'ailleurs ? Nos constitutions républicaines ont admis des pouvoirs plus ou moins longs, de un, deux, trois, quatre ans, des pouvoirs viagers même. Mais de pareils termes sont des siècles, la pérennité aux yeux des Jacobins impatients de Belleville, du parti socialiste ? Ces disciples de Robespierre et de Babœuf n'admettent pas plus une durée quelconque que l'hérédité, et répondent invariablement, le texte de la déclaration des droits à la main, que « le peuple peut, quand il lui plaît, changer son gouverne-

(1) *Contrat social*, liv. I, chap. II.
(2) Id., liv. I, chap. II.

» ment, et révoquer ses mandataires (1). » Sur une pareille pente, il est impossible de s'arrêter; les modérés sont bientôt débordés par les extrêmes et l'on aboutit bientôt à l'absurde, au néant. Après avoir condamné aussi absolument non-seulement tout vestige d'hérédité, mais la durée même dans les institutions politiques, la logique socialiste vient à son tour et conduit à les condamner également dans les institutions civiles, dans l'organisation de la propriété, dans les droits de la famille....

S'il arrivait pourtant, au milieu des désordres que de telles doctrines sont bien propres à engendrer, que le peuple, incertain de l'avenir, inquiet de l'instabilité des institutions si funeste à tant d'intérêts, fatigué des compétitions violentes qu'elle entraîne, ne vît plus de repos, de salut que dans le retour à des tempéraments héréditaires, à ces garanties constitutionnelles tant dédaignées, faudrait-il le condamner à souffrir indéfiniment, à se suicider peut-être dans l'intérêt d'un avenir qui meurt du même coup, et enchaîner sa volonté au nom d'un prétendu droit *antérieur et supérieur* qui n'est autre chose que le droit à l'insurrection, cette suprême raison des révolutionnaires. Cela rappelle par trop ce médecin de la comédie prétendant qu'il vaut mieux mourir selon les règles que de réchapper contre les règles.

Tous les absolutismes se ressemblent et l'on serait tenté de répéter à ces sectaires la leçon que le fou du roi Philippe II adressait à son despotique maître : « Et que ferais-tu, Philippe, si, quand tu dis oui, tout le monde disait non? »

L'école radicale, il est vrai, ne se borne pas à dogmatiser, et, descendant de ces hautes et abstraites régions, elle veut convaincre, et prétend faire sortir ses doctrines de la nature populaire elle-même, tout d'une pièce, comme Minerve armée du front de Jupiter. « Un peuple qui a deux représentations, dit Robespierre, cesse d'être unique. » Et l'un de ses disciples les plus renommés, M. Louis Blanc, ajoute : « La société peut-elle avoir deux têtes? la souveraineté est-elle divisible? » (2)

(1) Séance des Jacobins. 21 août 1793.

(2) L. Blanc. *Révolution française*, T. IX, p. 23.

M. Louis Blanc croit éclairer cette obscure métaphysique en recourant à l'histoire : « Entre le gouvernement par un » roi, dit-il, et le gouvernement par une assemblée, n'y a-t-il » pas un gouffre qui chaque jour tend à se creuser davantage? » Et partout où ce dualisme existe, les peuples ne sont-ils pas » condamnés à flotter misérablement entre un 10 Août et un » 18 Brumaire? » (1) Avec de pareils exemples on croit se procurer un facile triomphe. Mais où sont aujourd'hui les défenseurs des constitutions de 1791 et 1795? Ces gouvernements peuvent-ils être proposés comme des types? Et d'ailleurs ne confond-on pas ici l'effet avec la cause? Est-ce bien à l'infortuné Louis XVI qu'il faut attribuer le 10 Août, au conseil des Anciens le 18 Brumaire? Au 18 Brumaire, tous les pouvoirs se sont en quelque sorte affaissés à la fois sous une influence extérieure et souveraine. Quant au 10 Août, il est l'œuvre d'une assemblée obéissant passivement à ces mouvements populaires qui sont précisément l'écueil des assemblées uniques.

« Encore, ajoute l'écrivain, s'il eût été possible de créer entre » la royauté et la Chambre un pouvoir médiateur ! »

Cette réserve n'est-elle pas comme une réfutation?

Tels sont en substance les principaux arguments du parti Jacobin. Toute cette logomachie révolutionnaire ne paraît guère capable de toucher des esprits qui vont au fond des choses et qui recherchent la vérité politique dans les faits. Qui prouve trop, ne prouve rien. Mais la doctrine unitaire a fait des recrues dans les rangs du parti modéré et rallié un groupe assez important qui compose une force bien plus sérieuse. Cela devient une lutte d'école, l'école de l'unité du pouvoir et l'école de l'équilibre de la pondération du pouvoir, l'école républicaine et l'école que ses adversaires appellent bien faussement l'école anglaise. On a vu combien d'adhérents avait réunis en 1848 l'amendement de M. Grévy. Son argumentation, en la dépouillant de ses brillantes formes oratoires, peut se résumer en ces termes : « Il ne reste plus en France qu'un

(1) L. Blanc. *Histoire de Dix ans*. Introduction, p. 61.

» seul élément, l'élément démocratique; il ne peut plus y avoir » qu'une seule représentation, l'assemblée nationale, laquelle » réunira comme vous tous les pouvoirs, mais comme vous » n'exercera que le législatif et comme vous déléguera l'exécu- » tif, lequel déléguera lui-même le judiciaire. » (1)

Au moyen de cette distinction subtile, empruntée au Contrat social, entre *l'exercice* et la *délégation*, l'orateur espérait sauvegarder le grand principe de la séparation des pouvoirs et réfuter les souvenirs accablants de la Convention. Mais l'impuissance de ce raisonnement est manifeste. Le délégué, le mandataire ne dépend-il pas évidemment de son mandant? Le Conseil des ministres, dans ce système, eût été, sous un autre nom, un Comité analogue aux Comités de la convention, et à l'aide duquel l'Assemblée souveraine eût dirigé chaque jour le pouvoir exécutif comme si le Président n'existait pas. — « Un tel » pouvoir, selon la vive image employée par M. de Lamartine, » ne serait plus un ressort dans votre constitution, ce serait une » aiguille destinée seulement à marquer l'heure de vos volontés » ou de vos caprices sur le cadran de votre constitution. » — Quant à la forme d'argument *ad hominem* employée par M. Grévy, malgré sa forme habile et flatteuse, elle s'est retournée contre lui avec toute l'autorité de l'expérience.

La confusion des pouvoirs, l'usurpation des fonctions exécutives par un pouvoir législatif à 700 têtes, irresponsable, irréfrénable par lui seul, l'administration livrée en gage à des majorités parlementaires, l'unité administrative rompue, la corruption, l'anarchie ou la violence, tels sont les dangers inséparables du système unitaire. Ces conséquences ont été déduites avec une grande force dans des discussions mémorables, et il n'entre pas dans le cadre étroit de cette étude, d'en retracer le tableau. Bornons-nous à rappeler quelques lignes de notre grand Montesquieu qui résument en traits frappants les raisons décisives, et établissent avec une autorité magistrale l'excellence des gouvernements modérés :

« Lorsque dans la même personne ou dans le même corps de

(1) *Moniteur*. Séance du 6 octobre 1848.

» magistrature, la puissance législative est réunie à la puis-
» sance exécutive, il n'y a point de liberté, parce qu'on peut
» craindre que le même monarque ou le même sénat ne fasse
» des lois tyranniques pour les exécuter tyranniquement....... »

« .... Que s'il n'y avait point de monarque et que la puissance
» exécutive fût confiée à un certain nombre de personnes tirées
» du Corps législatif, il n'y aurait plus de liberté parce que les
» deux puissances seraient unies, les mêmes personnes ayant
» quelquefois et pouvant toujours avoir part à l'une et à
» l'autre....... »

« ..... Si la puissance exécutive n'a pas le droit d'arrêter les
» entreprises du Corps législatif, celui-ci sera despotique ; car,
» comme il pourra se donner tout le pouvoir qu'il peut ima-
» giner, il anéantira toutes les autres puissances (1). »

De telles propositions puisées dans l'étude approfondie de l'histoire ne prennent-elles pas sous la plume de l'illustre écrivain le plus haut degré d'évidence ? Ce sont des vérités éternelles parce qu'elles sont fondées sur la nature humaine qui, dans ses variations, ne saurait s'écarter des grandes lois qui ne pouvaient échapper au génie du publiciste, dont on a dit qu'il « avait retrouvé les titres du genre humain. » Elles se dégagent sous toutes les formes de gouvernement, la forme républicaine comme la forme monarchique, dans tous les temps, dans tous les pays. L'union américaine, la confédération suisse, que l'on se plaît à citer à juste titre comme les modèles les plus parfaits des républiques démocratiques, ne sont-ils pas des gouvernements essentiellement pondérés ? Cette pondération attentive se trouve observée non-seulement dans l'organisation du pouvoir fédéral, mais encore le plus souvent dans l'organisation indépendante des états ou des cantons. A Berne, l'autorité législative est partagée entre deux chambres, le *Conseil national*, composé de députés élus directement par le peuple en nombre proportionnel au chiffre de la population, et le *Conseil des États* composé de deux députés par canton, élus par les législatures cantonales. Le pouvoir exécutif ou *Conseil fédéral* est nommé

(1) Montesquieu. *Esprit des lois*. Liv. XI, Ch. IV.

par les assemblées fédérales. Dans le canton de Genève, le plus radical de toute la Suisse, l'autorité législative et l'autorité exécutive sont nommées directement l'une et l'autre par le peuple. Ce régime fédératif si tempéré n'empêche pas la vigueur du pouvoir central, dont les attributions et la tutelle sur les cantons sont encore assez étendues. Un canton récalcitrant reçoit bien vite la visite de commissaires fédéraux, et l'exécution fédérale ne se ferait pas attendre. A travers bien des excès, la lutte de Sunderbund a été l'application de cette règle.

Dans la grande République Américaine, les pouvoirs sont encore plus indépendants et plus pondérés. A côté d'un Président nommé directement par le peuple, siégent deux assemblées représentant comme en Suisse l'élément fédéral et l'élément national. Le président investi de la puissance exécutive avec le concours du sénat dans certaines grandes occasions, est armé en outre d'un *veto* suspensif concernant les résolutions du congrès. Tout en respectant dans une large mesure l'autonomie des Etats, on sait avec quelle vigueur le gouvernement central sait les maintenir unis sous la loi nationale, et réprimer les tentatives de sécession. Il faut ajouter que dans chacune des petites républiques dont se compose l'Union, le pouvoir législatif est divisé. Dans ce grand État le système des deux chambres est le fruit de l'expérience. Car au début les constitutions fédérales et des états étaient en général unitaires. L'histoire de tous les temps offre les mêmes enseignements ; aussi les trouve-t-on formulés en termes remarquables par un des plus grands esprits de l'antiquité élevé à l'école républicaine : « Tout pouvoir à un seul élément, dit Cicéron, étant absolu, devient » nécessairement pouvoir despotique, et la pire espèce ce serait » le pouvoir populaire. »

Dans le monde, dans l'histoire, a dit un des orateurs qui ont le plus vigoureusement soutenu en 1848 la cause des gouvernements tempérés, M. Odilon Barrot, « il n'y a jamais eu que » deux espèces d'assemblées uniques et toutes-puissantes, les » assemblées constituantes et les conventions. La constitution » est inévitable, elle ne peut rester en suspens entre deux » assemblées parallèles ; une constitution doit avoir une unité ;

» tout pouvoir constituant est donc essentiellement uni-
» que (1). »

La Constituante de 1848, animée d'un sincère esprit républicain, profitant de sa propre expérience, s'est bien gardée de créer une convention. Elle n'avait qu'à interroger son propre exemple pour juger de son imperfection et de son inhabileté à gouverner. La convention nationale elle-même, dès qu'elle fut délivrée des factions qui l'opprimaient, eut bientôt déchiré, à cause de leur ressemblance mutuelle, la constitution de 1793 pour revenir aux institutions tempérées.

Quant à l'assemblée souveraine qui nous gouverne et lutte avec un patriotisme qu'il serait injuste de méconnaître au milieu des plus terribles épreuves, s'il est tenu compte de sa propre expérience, il y a tout lieu de croire que le régime intérimaire actuel ne se perpétuera pas dans la future constitution.

IV

Le système radical a donc été, jusqu'à présent, condamné par l'expérience comme par la science. Mais ses partisans ne se tiennent pas pour battus, et de même que les esprits incompris, ils en appellent à l'avenir, à des temps meilleurs. C'est, selon eux, à l'imperfection, à l'ignorance des générations qu'il faut imputer leur échec. On s'en prend particulièrement aux campagnes, et déjà Robespierre traitait fort mal les *ruraux*. Enfin, on accuse les ambitions, les complots, la trahison. En France, chaque parti ne voit-il pas la trahison cachée derrière tous ses mécomptes comme le *Deus ex machinâ*. Il est si commode d'accuser autrui pour se disculper soi-même. Aussi bien tous les gouvernements n'ont-ils pas à compter avec les passions humaines et peuvent-ils se flatter jamais de régner dans une société idéale comme celle de Platon. Sans doute, la civilisation suit une marche progressive; les esprits s'éclairent, se modifient. Les constitutions essentiellement relatives et perfectibles, comme

(1) Moniteur des Séances du 27 décembre 1848.

toutes les choses humaines, doivent donc varier avec les dispositions des peuples, surtout chez une nation aussi mobile que la France. « Une constitution, quelle qu'elle soit, dit M. Thiers, » donne toujours des résultats conformes à l'État présent des » esprits.... Car l'esprit du temps fait plus que la loi écrite (1). »

Or la situation présente offre-t-elle des conditions plus favorables aux expériences radicales ? La démocratie régénérée par les prédications de la nouvelle école, serait-elle à l'abri désormais des égarements dangereux, des entraînements violents qui ont si souvent compromis sa cause? Éclairée, mûrie par les événements, aujourd'hui adulte, est-elle capable de se passer à l'avenir de ces modérateurs, bons uniquement pour l'enfance des peuples ? Ne serait-il plus vrai, enfin, de dire avec Montesquieu, que « le peuple agit par passion ? » C'est aux événements contemporains à répondre. Pour en comprendre toute la portée, un coup-d'œil rétrospectif est nécessaire.

Notre grande révolution de 1789 revêt un double et frappant caractère : elle a été le point de départ d'une régénération à la fois politique et sociale. L'ancien édifice féodal avec les privilèges qui le constituaient de la base au sommet, a disparu sans retour dans la nuit du 4 août pour faire place à un nouvel état social assis sur l'égalité civile la plus large. Cette réforme sociale présente un caractère définitif aux yeux d'une génération qui, sans méconnaître la loi du progrès, l'amélioration continue et nécessaire du sort du plus grand nombre, entend les concilier avec le respect des principes de liberté et d'égalité. Jusqu'à ce qu'elle eût, en 1848, réuni l'égalité politique à l'égalité civile, on comprend les revendications légitimes de la démocratie. Pourquoi cette dernière conquête n'a-t-elle pas désarmé les factions? Il semble, en effet, que le travailleur désormais en possession des droits politiques comme des droits civils les plus étendus, n'ait plus à demander l'amélioration de son sort qu'au jeu régulier des institutions, puis à lui-même, à son travail, à sa prévoyance, à sa moralité. La sollicitude particulière, la protection spéciale des pouvoirs publics à la formation desquels

(1) Histoire du Consulat, t. 3, p. 564.

la classe ouvrière prend une part prépondérante par le nombre, ne sauraient lui manquer, et lui ont été, certes, largement acquises dans ces derniers temps. Quant aux misères inséparables de l'humanité, l'assistance publique et privée ne s'exerce-t-elle pas chaque jour d'une manière de plus en plus libérale dans notre société chrétienne et démocratique?

Mais des utopistes et des ambitieux, rassemblant toutes les vieilles idées communistes qui ont couru le monde, les revêtant de formes captieuses et doctrinales, se présentent comme les apôtres d'une loi nouvelle appelée à guérir, comme avec une baguette magique, tous les maux de l'humanité, à régénérer la société tout entière. Au lendemain de 1789, ils viennent bientôt prêcher une nouvelle révolution sociale, promettant le *bonheur public*, non plus au nom de la fraternité dont on répudie le caractère spontané et chrétien, mais au nom d'un droit rigoureux qu'on nomme la *solidarité*. Le complot de Babœuf est leur première tentative armée. Au milieu d'une société sceptique, troublée par tant de révolutions, déchirée par tant de partis, aussi avide de nouveautés, la propagande socialiste surexcitant les appétits matériels, les ambitions déçues, tentant par des illusions funestes l'esprit des ouvriers et des malheureux, trouvait un milieu trop bien préparé dans l'atmosphère ardente des grandes villes et des centres industriels, où la force de la centralisation donne à la classe des artisans organisés et conduits par les sociétés secrètes une si grande prépondérance sur toutes les autres classes. Les manifestations de ce parti reparaissent sous le règne de Louis-Philippe. En 1831, le drapeau socialiste est levé dans l'insurrection de Lyon, et se montre dès lors dans presque tous les mouvements populaires. Le parti s'était tellement développé en 1848, qu'il imposait à l'adoption du gouvernement provisoire son représentant le plus populaire, M. Louis Blanc. A leurs yeux, cette révolution avait une portée bien plutôt sociale que politique. Aussi, dès le 24 février, la question sociale se dresse-t-elle pleine de menaces devant le gouvernement provisoire. Une tribune fut ouverte pour la prédication des doctrines socialistes dans le palais même du Luxembourg. *Organisation du travail*, *égalité des salaires, produire selon ses forces, consommer selon ses besoins*, telles sont les principales formules de ce communisme peu déguisé. On ne propose, bien entendu, d'autre moyen d'application que la force, c'est-à-dire l'association universelle obligatoire, imposée et dirigée par l'État. C'est l'anéantissement de l'activité comme de la liberté humaine, le despotisme le plus absolu. Avec quelques variantes dans les formules, toutes les sectes socialistes qui se sont produites avec tant de profusion en 1848, aboutissent à la même conclusion.

Pour ce parti subversif, il est clair que les libertés publiques ne valent que comme armes de lutte et instrument de destruction. Ce qu'il leur faut à tout prix, c'est de s'emparer de l'État pour courber toutes les volontés, niveler toutes les conditions, abaisser toutes les existences sous le joug misérable de leur chimérique égalité, ou plutôt c'est la révolution non pas finie, mais continue, et, comme un bélier battant en brèche l'organisation sociale jusqu'à ce qu'elle succombe. On s'explique dès lors leur prédilection pour ces formes simples qui mettent si facilement une assemblée unique à la merci soit d'un vote surpris à l'entraînement d'une majorité, soit d'un coup de main dont l'art est si familier aux frères et amis. « Il arrive toujours une minute où elle veut (1), » disait naguères à la tribune un organe éminent du parti radical frappé de la puissance capricieuse du nombre dans les évolutions de la volonté nationale, et attendant avec confiance son heure. Mais les avancés du parti n'ont pas la même patience et la même foi sans doute. Disciples des Jacobins, ils savent comment, dans une capitale aussi facile à entraîner, d'infimes et turbulentes minorités s'imposent par l'audace, par la terreur, comment on mutile une assemblée, on s'en empare. En l'an II, comme au 12 prairial, les conjurés avaient pris pour mot d'ordre la Constitution de 1793. En 1848, aux prises avec un pouvoir unique, les démagogues redoublent leurs coups, mais ils échouent encore au 15 mai et aux journées de juin. Organisés de longue main, dirigés par une association puissante, occulte et cosmopolite, ils prennent à

(1) *Moniteur*. Séance du 6 mai 1870.

l'heure qu'il est une terrible revanche. Après 76 années la Commune de Paris renaît de ses cendres plus révolutionnaire, plus audacieuse que jamais. Jadis, tout en lui imposant sa terrible domination, la Commune entourait du moins d'une apparente déférence la Convention nationale. C'était la représentation et comme le symbole de la France une et indivisible, la grande image de la patrie à laquelle les patriotes de 93 voulaient rester énergiquement attachés. Mais aujourd'hui, maîtresse de la capitale, la Commune s'érige elle-même en convention, rompt avec les représentants de la France et arbore le drapeau rouge du socialisme et de la guerre civile. Après avoir proclamé que la République est au-dessus du suffrage universel, on déclare maintenant que la Commune est au-dessus de l'Assemblée, de la France, de la République par conséquent qui en est aujourd'hui la forme. L'unité nationale est rompue, la patrie démembrée, reniée, tantôt au nom de l'autonomie communale, tantôt au nom d'un certain cosmopolitisme unitaire qui est la négation des sentiments les plus nobles et les plus chers au cœur de l'homme. Ces tristes jours reportent l'esprit à ces époques néfastes de notre histoire où l'on retrouve plus d'une fois la turbulente Commune de Paris conspirant contre la nationalité avec la faction étrangère. Sous la Ligue, une démagogie fanatique et sans frein se soulevait au nom de l'unité qui est comme le mot d'ordre de toutes les intolérances, de tous les absolutismes. On revendiquait alors une seule foi, un seul roi, comme les radicaux revendiquent une assemblée unique; la révolution de Paris, l'unité de la Commune; la révolution cosmopolite, l'unité de la République sociale universelle, une sorte de genre humain banal sans patrie et sans cœur.

Après avoir rompu avec l'État, la Commune ne pouvait manquer d'arborer le programme socialiste. Aussitôt, on détruit, on confisque, on réquisitionne et on pille sur une large échelle, on pille surtout; c'est le côté le plus pratique et le plus clair du socialisme; c'est, comme le disait ces jours-ci un ministre à la tribune, « le seul acte caractéristique par lequel ils se soient » révélés. » Les mesures les plus révolutionnaires, la loi des otages du peuple, digne pendant de la loi du 22 prairial rappellent les plus mauvais jours de la Terreur dont on proclamait naguères, avec tant de perfidie d'une part et tant de candeur de l'autre, le retour à jamais impossible.

Pendant ce temps les bataillons de la Commune et les armées de la France sont aux mains en présence des armées prussiennes qui triomphent de nos discordes encore plus que de leurs propres victoires, et qui sont revenues sur leurs pas pour épier le moment où les deux partis affaiblis dans une lutte fratricide leur livreraient la France comme une proie sans défense. Cette cruelle guerre civile est venue tout à coup prolonger et lourdement aggraver les cruelles charges de l'invasion prussienne. Le traité du 18 mai en porte de douloureuses traces; il suspendait sur l'avenir des menaces plus dures encore. Grâce à notre brave armée, ce double fléau est enfin conjuré, mais au prix de quels sacrifices! Ne pouvant plus partager leur magnifique proie, les socialistes, les communeux — puisqu'il faut les appeler par leur nom — ont voulu consommer l'œuvre de la Prusse, se venger par la destruction, par l'incendie, sur les merveilles de notre Capitale, que la France avait été si jalouse de soustraire à l'occupation étrangère. Au lendemain de cette nouvelle Jacquerie, comment ne pas rappeler l'amère réflexion de notre vieux chroniqueur: « Il n'était pas besoin que les » Anglais vinssent de leur pays pour détruire le nôtre? » (1)

Après tant d'épreuves funestes, en présence d'une agitation socialiste aussi dangereuse, le moment semble-t-il opportun pour se lancer dans de nouvelles expériences radicales? Le temps est-il venu d'abandonner sans contrepoids, sans frein, un grand État comme la France à la seule impulsion démocratique, en concentrant tous les pouvoirs entre les mains d'une assemblée? Demandons-nous ce que fût devenue, si elle était rentrée à Paris, notre Assemblée Nationale, seul représentant de la France, dernier asile de la nationalité, seule autorité debout sur le sol de la Patrie couvert de tant de ruines. Pense-t-on que la nouvelle Commune se fût bornée à un 31 Mai? Nos représentants ne se

(1) Cont. Guill. de Nangis — p. 241.

seraient certes pas inclinés, comme la première Convention, sous la domination terroriste; et alors tout n'était-il pas à craindre?

Lorsque la leçon des événements est aussi cruelle et aussi palpitante d'actualité, il devient superflu de la développer en longs raisonnements. L'insurrection est vaincue. Force est restée à la loi. On n'en pouvait douter, pas plus qu'on ne saurait établir de comparaison, sinon dans des ressemblances de formes, entre un pouvoir insurrectionnel et tyrannique, et l'autorité légitime qui siége à Versailles. Il ne faut pas cependant se laisser abuser par le succès du jour sur le mérite de l'institution. La forme unique, conventionnelle, a pu être bonne pour soutenir une lutte, traverser un moment de crise. Dans ce danger suprême, quel est le bon citoyen qui ne fasse abnégation de ses vues politiques? C'est ainsi que l'assemblée a sauvé la patrie, c'est-à-dire, en suspendant ses fonctions, en s'effaçant, en abdiquant pendant ces tristes jours de lutte, entre les mains d'un chef unique et expérimenté. Mais « chassez le naturel, il revient » au galop. » Or, dans les rares intervalles où elle a voulu donner signe de vie, quel spectacle a-t-elle présenté; et cette courte expérience ne suffit-elle pas pour montrer le vice de son institution, les inconvénients d'un pouvoir sans contrôle? N'a-t-on pas failli déjà sans le vouloir, au moyen d'amendements improvisés, de coups de majorité, paralyser, désarmer l'action gouvernementale dans une période aussi critique? Faut-il rappeler le double et contradictoire vote au sujet de l'importante question des municipalités, et le Président du Conseil, contraint à poser la question de cabinet. Il n'a fallu rien moins que la grande autorité de l'illustre Chef du Pouvoir exécutif pour ramener l'Assemblée, et corriger par un expédient provisoire les conséquences d'un vote malheureusement acquis. C'est en vain qu'on croirait remédier à ces inconvénients comme le prétendent les unitaires, par l'obligation des trois lectures et des précautions de règlement. « Tous les freins qu'une chambre s'im-
» pose à elle-même, les précautions contre l'urgence, la néces-
» sité des deux tiers des voix ou de l'unanimité, tous ces freins,
» dit Benjamin Constant, sont illusoires. Une chambre unique
» met en présence une majorité et une minorité avec cette cir-

» constance de plus contre la minorité que le règlement qu'elle » invoque est l'ouvrage de la majorité qui a toujours le pouvoir » de défaire ce qu'elle a fait. La division en deux sections sépa- » rées crée au contraire deux corps qui ont intérêt à défendre » leur intérêt réciproque. Il y a majorité contre majorité (1). » — Entre les mains même du chef le plus respecté, le pouvoir exécutif devient tellement susceptible, tellement fragile qu'une assemblée, si elle ne veut pas le renverser, en arrive à ne plus oser y toucher et à ne plus pouvoir exercer son droit de contrôle et de critique. N'est-ce pas la réflexion qui ressort de la pénible séance du 11 mai ? Dans des circonstances normales, un tel gouvernement ne saurait avoir d'indépendance, d'initiative, de vie propre. — En sortant d'une crise aussi pénible, le pays éprouve un urgent besoin de travail, d'ordre, de sécurité, et pour cela il sollicite instamment un gouvernement fortement et régulièrement constitué. Le moment est proche où il deviendra impossible d'ajourner les sujets qui divisent, d'éluder les questions constitutionnelles sous un vague programme de législation organique et de décentralisation. Ne serait-ce pas d'ailleurs renverser l'ordre naturel et nécessaire des travaux de l'Assemblée ? Comment organiser le pouvoir municipal, le pouvoir départemental, sans savoir quel sera le pouvoir central ? Tout se tient, tout s'enchaîne dans l'admirable organisation de l'an VIII. Avant d'y toucher, il est indispensable de connaître le plan général du nouvel édifice dont l'État doit relier ensemble toutes les parties et former comme la clef de voûte. La question constitutionnelle s'impose donc à l'urgente attention de nos législateurs. Inhabile à gouverner comme Convention, l'Assemblée ne peut que perdre de son autorité et de son prestige en différant indéfiniment l'œuvre capitale qu'elle déclare chaque jour vouloir accomplir elle-même. D'aussi solennelles promesses ne peuvent qu'exciter la légitime impatience du pays. Espérons que la future constitution, répudiant les théories unitaires et radicales, saura par une juste répartition, par une sage pondération des pouvoirs publics, — c'est-à-dire par l'organisation indépen-

(1) Benjamin Constant. *Cours pratique constitutionnel.*

dante des deux grands pouvoirs, de l'exécutif et du législatif, et par les divisions du législatif en deux chambres,— concilier à la fois l'ordre et la liberté, et établir le nouvel édifice sur des bases stables. Puisse notre infortunée Patrie, retrempée par d'aussi douloureuses épreuves, se relever bientôt, réunir autour d'elle ses fils trop longtemps divisés et reprendre à l'abri des révolutions le cours de ses nobles destinées !

Chartres. — Imprimerie Éd. GARNIER.

www.ingramcontent.com/pod-product-compliance
Ingram Content Group UK Ltd.
Pitfield, Milton Keynes, MK11 3LW, UK
UKHW020220200726
13856UKWH00004B/1506